MIRANDO A LAS ESTRELLAS

COVA TORRENTE

MIRANDO A LAS ESTRELLAS

EXLIBRIC
ANTEQUERA 2023

MIRANDO A LAS ESTRELLAS

Diseño de portada: Dpto. de Diseño Gráfico Exlibric

Iª edición

Editado por: ExLibric
c/ Cueva de Viera, 2, Local 3
Centro Negocios CADI
29200 Antequera (Málaga)
Teléfono: 952 70 60 04
Fax: 952 84 55 03
Correo electrónico: exlibric@exlibric.com
Internet: www.exlibric.com

ISBN: 978-84-19827-48-7
Depósito Legal: MA 932-2023

Nota de la editorial: ExLibric pertenece a Innovación y Cualificación S. L.

COVA TORRENTE

MIRANDO A LAS ESTRELLAS

Dedicado a mis estrellas del cielo,
especialmente a Benina, Emilia, Angelina y Berni.

Preámbulo

Mirando a las estrellas,
simplemente pensé…
«¿quién soy?, ¿para que soy?».

Mirando a las estrellas,
simplemente pensé…
«¿qué hago aquí?, ¿para qué estoy aquí?»

Mirando a las estrellas,
simplemente… escribí.

I

La libertad de reír
está en el aire.

La libertad de disfrutar
está en el aire.

La libertad de disfrutar
está en mí, está en ti.

II

Emociones que se agolpan en mí,
queriendo salir como río torrencial
por mis ojos.

Galerna interior golpeando
los tabiques invisibles de la cordura
que, poco a poco, se resquebrajan,
dando paso a la locura del vivir
y el no saber cómo.

Querer arrancar el dolor del pecho
cual pegatina obsoleta de una nevera
y dejarlo ir al país sin retorno.

III

Cansada de empujar
murallas impresionantes.
Cansada de tirar
de carros llenos de piedras.
Cansada de sujetar
paredes ajenas.
Cansada de llevar
mochilas de otros.

Suelto todo y ahí lo dejo.

Mi libertad y amor propio
están por encima de todo.

IV

Volar sin rumbo
con la incertidumbre
como equipaje,
la ilusión en el corazón
y el miedo en la cabeza.

Lo importante es avanzar
hacia el nuevo amanecer,
donde la luz del nuevo día
ilumina la penumbra,
haciéndola disipar
y así, poco a poco,
el camino encontrar.

V

Nunca digas jamás
si no sabes qué pasará.

Nunca digas quizás
si no sabes que se hará.

Nunca digas adiós,
porque mañana me volverás a encontrar.

VI

Y jugando al escondite
con la felicidad y el miedo,
a veces el miedo me encuentra.
Nos abrazamos y nos reímos.

Y jugando al escondite
con la felicidad y el miedo,
a veces la felicidad me encuentra.
Nos abrazamos y nos reímos.

Jugando juntos lo pasamos bien,
nos aceptamos, nos respetamos
y nos queremos.

VII

La incertidumbre
es un mapa de carretera en blanco,
el juego de la gallinita ciega de la vida.

La incertidumbre
es la interrogante del presente,
la duda de saltar a un vacío
sin saber cómo será el aterrizaje.

Amar la incertidumbre
es dejarse sorprender, amar la aventura
e ir colocando en el puzle de la vida
las piezas que el destino nos da a escoger.

VIII

Sentir las alas rotas para volar.
Querer saltar y no encontrar
la fuerza para hacerlo.
Pensamientos derrotistas
ametrallan mi mente sin tregua.
Derrota no sin antes levantarse.
Querer volar con las alas rotas.

Duele.
Claro que duele,
pero se vuela.

IX

Y me vuelvo a encontrar contigo
en este páramo inhóspito
donde la nada se lo comió todo.
Otra vez tú y yo frente a frente,
saldando cuentas pendientes
que no llegan a ningún lado.
Ya sé. Esta vez ya sí sé qué hacer
y hacia dónde mirar.
Los alfileres del corazón se cayeron
y los escupitajos de los ojos se secaron.
Otra vez vuelvo a encontrarme contigo.
Otra vez vuelvo a encontrarme conmigo.

X

Lamentarse por lo perdido
es no valorar lo obtenido.
Lamentarse por lo sufrido
es no ver lo aprendido.
Lamentarse está bien para un rato,
pero no para una eternidad.
Lamentarse es lavarse las heridas
con lágrimas de dolor.
Lamentarse es necesario,
pero no obligatorio.

Lamentarse, vaciar el cubo de la pena
para que quepan alegrías.

XI

Amor a primera vista por ti sentí.
Agua con personalidad protegida
por guardianes de piedra.
Naturaleza en estado puro,
donde se respira libertad.
Sensación de volar y tocar el cielo.
Se para el tiempo,
viviendo en una eternidad.
Alma de las cumbres,
espíritu del pantano y yo.

XII

Qué sentimiento el no sentir
y qué angustia el sentir.
Sentimientos inertes dentro de mí
viajan en el tiempo
para dar sentido a la existencia.
Miedo de sentir y miedo de no sentir.
Dualidad en el circo de la vida,
donde la incertidumbre
tiene su número principal.
¿Vivir sintiendo o sentir sin vivir?

XIII

Pura tranquilidad respiro en mi mundo,
donde solo estoy yo conmigo misma.
Nos queremos, nos respetamos
y nos apreciamos. Dos en una.
Ella ríe, canta, salta y es feliz.
Yo, en constante incertidumbre
y buscando un suelo que pisar.
Ella me ayuda, me motiva y me alegra.
Feliz en mi mundo en él ella está.
Ella soy yo y yo soy ella.

XIV

Margarita sin pétalos,
sol sin resplandor
y cielo sin estrellas.
Barco a la deriva
siento mi interior.
Gato sin bigotes
y árbol sin raíz.
A media plenitud
o plenitud a medias.
Buscar en la bolsa
del no saber qué buscar.
Buscar y no saber qué buscar
y buscar sin saber
qué querer encontrar.
Fuego sin calor, hogar sin amor…
Así me siento yo.

XV

Hoy toca partir.
Volaré lejos de aquí,
llevándote dentro de mí.
En mis lágrimas, tu mar;
en mi aliento, tu viento;
en mis pupilas, tu belleza
y en mi corazón, tu esencia,
tu aroma y tu sentir.

Volaré dejos de ti,
pero prometo pronto regresar,
para así poder volverte a abrazar.

XVI

Vivir en estado de letargo,
donde la pena es mi mejor traje.
La tristeza me baña
y mi esencia anhela una vida
ya olvidada y sacrificada
por creer promesas
que rápidamente se las llevó el viento
hacia el planeta del olvido.

XVII

Día a día y todo igual.
El sol despierta y se acuesta,
y todo sigue igual.
Día tras día y noche tras noche.
Ruedas del año giran siempre
a los mismos compases.
Aventuras me esperan en el armario,
pero cerrado con candado está.
¿Dónde está la llave?
Ese armario he de abrir
para así de la monotonía salir.

XVIII

Verano tortuoso aquel que viví,
donde la sonrisa se desvaneció,
dejando aflorar la maldad en su plenitud.
Maldad, ira y egoísmo
tapando la soledad de una vida vacía
y bañada en el miedo
y en la falta de autoestima.
Aquella «chica de la escuela»
queda como testigo
de aquel verano cruel del veintiuno.

XIX

Rodeada de bocas parlantes sin control.
Oídos inexistentes.
Solo cacareo continuo,
donde prima la información a expresar.
Bocas inconscientes y oídos dormidos.
Qué gran desequilibrio
el que nos acecha en el horizonte.

XX

Lo más fuerte que tenemos
en nuestro interior
es la fuerza de voluntad.
Ella nos guía, nos levanta
cuando caemos y nos empuja
hacia nuestros sueños,
nuestros propósitos.

XXI

Buscar para no encontrar,
correr para no llegar
y reír para no llorar.
Todo tiene un para qué y un porqué.
El sentido sin sentido del todo,
donde llevamos a cabo nuestras vidas.
Congruencias incongruentes
y surrealidades muy reales.
Reír. La mejor solución, reír.
Reír pone la luz a lo oscuro
y colores a lo gris.
La realidad será la misma,
pero la perspectiva no.

XXII

Buscando las palabras exactas,
nunca diré lo que quiero expresar.
Dejar que palabras broten de mi boca,
salidas directamente del corazón;
expresaré lo que mi alma
grita, anhela y suspira.
Más amar y menos razonar.

XXIII

Escuchando aquella canción de antaño,
viajo hacia aquella niña que fui, que soy.
Todos somos niños,
pero nos olvidamos de que lo somos.
Magia e ilusión vibran dormidas
en nuestro interior.
Menos añorar y más disfrutar.

XXIV

Palabras bailando en un escrito.
Palabras sembradas
por la tinta de la imaginación.
Palabras que dicen,
que explican, que expresan…
Palabras con sentimiento y corazón.
Palabras ilimitadas, que leemos,
escuchamos o pensamos.
Letras dándose la mano
para formar eso… palabras.

XXV

Jugar, caminar,
conectar, aplaudir,
gritar, amar,
contar, dormir…

Cosas maravillosas que hacer y vivir,
pero ¿hay tiempo?
El tiempo en sí es un espejismo
donde lo palpable se vuelve volátil
y lo volátil, inexistente.
Aprovechar es vivir y vivir es estar.
Simple y sencillo
en un mundo caótico y enredado.

XXVI

Ser guerrero
no es pelear contra los demás,
sino contra los miedos
e inseguridades.

Ser guerrero
no es ser de piedra,
sino ser fuerte y recio.

Ser guerrero
no significa no caerse nunca,
sino caerse, tomar un respiro
y levantarse.

XXVII

Hogar es un ambiente
que te abraza.
Hogar es poder dormir
con los ojos cerrados.
Hogar es sentir serenidad
en uno mismo.
Hogar es estar en armonía
con uno mismo.

XXVIII

Aun sabiendo que iba a ocurrir,
saltó al vacío.
Cogió la maleta
y se fue a vivir sus sueños.
«Esta es la oportunidad».
Dejó atrás sus quehaceres rutinarios
mientras que, con un poco de nervio,
otro poco de ilusión
y mucha incertidumbre,
se adentró en su nueva aventura
de cambiar de vida,
de vivir su vida
y hacer realidad sus sueños.

XXIX

Sonrisas que llenan estancias
y canciones que alegran almas.
Colores en lo insípido
y juegos en la rutina.
La vida en sí no existe.
Existes tú, existo yo
y cada uno la vivimos,
la construimos con los colores,
los juegos y con las canciones
que queremos.

XXX

Nuevo día,
nueva oportunidad.
Lienzo en blanco
y un cuadro que pintar.
Paleta de colores ilimitados
y, en tu mano,
está cómo empezar
y cómo continuar.
Jamás cómo terminar,
porque nada termina,
solo cambia de forma y de lugar.
Transmutación inherente.
Siempre avanzar.

XXXI

Regalos del cielo nos vienen.
Regalos de la tierra también.
Regalos por aquí y regalos por allá.
Solo hay que saber mirar.
Mirar con el corazón, con los ojos,
con la vista y con el amor.
Regalos por doquier
llegan a nuestras vidas día tras día.
Esa mirada, esa sonrisa, esa caricia de sol,
ese «gracias» y ese «hasta mañana».

XXXII

Volar sin rumbo
hacia la luz del arco iris.
Bailar debajo de las estrellas
y caminar en la nada
con la seguridad
de llevar un buen rumbo.
Todo esto, y mucho más,
es la experiencia del respirar.

XXXIII

No pongamos barreras a la vida,
ni estrangulemos la imaginación.
La creatividad nos llama,
pero oímos sin escuchar
y vemos sin mirar.
Adentrémonos en la aventura
de cada nuevo día.
Aventuras, todo vivir, todo disfrutar.

XXXIV

Simbiosis entre las dos.
Ella y yo.
Me abraza con su espuma.
La noto a la vez fría y cálida.
Con su baile, su vaivén continuo,
me mece como en dulce nana.
Qué valiosa en mí.
Qué sentir más ilimitado.
Ella y yo.
Ella en mí.

XXXV

Dulce, guerrera,
tranquila o irascible.
Todo en una.
Todo a la vez o por separado.
Incansable movimiento,
donde demuestras tu bravura
o tu adormecimiento.
Hipnotizada te miro
y te llevas todos mis males.
Necesito tenerte siempre cerca.
Sosiego al escucharte
y tranquilidad al sentirte.

XXXVI

Cuántas vidas te tragaste
y cuántos navíos extraviaste.
Y ahí sigues.
Impasible a tu ritmo,
a tu forma y a tu manera.
Te amoldas a los tiempos modernos,
intentando luchar
contra los que intentan
manchar tu imagen, tu ser.
Pero ahí sigues.
Impasible a tu ritmo,
a tu forma y a tu manera.
Directora de orquesta,
todos a tu merced.

XXXVII

Aquella flor del jardín
que poco a poco creció,
renaciendo del frío,
de la soledad, del desasosiego,
avanza sin importarle
ni el cuándo ni el dónde.
Ella se reinventa
y hoy mira al sol con alegría,
extendiendo sus pétalos
y respirando con plenitud.
Hoy es el hoy y ahora es el ahora.

XXXVIII

Y te compraste un adosado
en mi memoria
para estar conmigo siempre.
Respiro y te oigo suspirar.
Canto y te oigo tararear.
Siempre juntos,
reímos juntos y lloramos juntos.
Te instalaste en mi memoria
y ya conmigo siempre estás.

XXXIX

Hay momentos
y momentos, días
y días, circunstancias
y circunstancias.
Ni siempre llueve,
ni siempre hace sol.
Ni siempre es llanto
ni siempre es risa.
Ni siempre es invierno
ni siempre primavera.

Todo fluye, todo avanza,
nada es para siempre,
y siempre es eterno.

XL

Lentamente
despierta en su rostro
esa sonrisa tan anhelada.
Poco a poco
sus ojos empiezan
a chispear luz y alegría.
Esperanza y motivación
son sus ropajes
para este nuevo comienzo.
El letargo terminó
y el camino emprendió.

XLI

Buscar sentido
a lo que no lo tiene
es como coger humo
con las manos.
Pensar en arreglar el pasado
es como caminar
de espaladas al mañana.
Incongruencias
cuando solo estamos de paso.
Todo ¿para qué? Y ¿por qué?

XLII

Pocos son los que se calzan mis zapatos
y caminan a mi lado.
Pocos son los que se ponen en mi piel
y empatizan con mi vida.
Muchos son lo que opinan sin saber
y juzgan sin entender.

XLIII

Si la lluvia entra en tu vida,
enséñale una sonrisa.
Si la tormenta te acompaña,
abrázala con cariño.
Si los días son nublados,
canta con el corazón en la mano.
Poner luz en la oscuridad
y alegría en la tristeza
es cosa de cada uno,
es cosa de todos.

XLIV

Sin un pero,
sin un porqué.
Fluir en la nada
y caminar en el todo.
No más interrogantes
que me frenen
ni fantasmas
que me detengan.
Sin un pero,
sin un porqué,
todo eso…
¿para qué?

XLV

Si tengo voz, hablo.
Si tengo inteligencia, pienso.
Con voz e inteligencia expreso.
Expreso opiniones, sensaciones e ideas
con respeto hacia el mundo
que me rodea.
Todo ello,
acertado o no,
pero es mi camino,
es mi realidad,
es mi aprendizaje.

XLVI

Aquel día de sol dancé y canté,
llenando mi corazón de calor
y dejando que los rayos de luz
acariciaran mi rostro.

Aquel día de lluvia dancé y canté,
limpiando mi corazón de tristeza
y dejando que pequeñas gotas de agua
besaran mi cara.

Fluir con las circunstancias
y aprovechar las circunstancias.

XLVII

El agua limpia,
el aire lleva,
el fuego transmuta
y la tierra protege.
Todo en uno,
todo en mí.
Universo pleno soy,
donde la Naturaleza vive en mí.
Soy una con la Naturaleza.
Soy Naturaleza.

XLVIII

Aun sabiendo que nada es real,
se vive como real.
Aun sabiendo que nada es mentira,
se vive como mentira.
Aun sabiendo que no sabemos,
creemos que sabemos.
Aun sabiendo que se termina el ciclo,
muy pocos vivimos,
disfrutamos y reímos.

XLIX

Imposibles los posibles
y olvidados los recuerdos.
Amaneceres a oscuras
y llantos en sonrisas.
Llegar a la meta sin fin
y caminar sin camino.
A veces, todo pierde sentido
y se difumina el significado.

www.ingramcontent.com/pod-product-compliance
Lightning Source LLC
LaVergne TN
LVHW091235150826
845673LV00003B/1148

* 9 7 8 8 4 1 9 8 2 7 4 8 7 *